DE L'OCCUPATION

DES

TERRAINS BATIS

POUR

L'OUVERTURE, LE REDRESSEMENT OU L'ÉLARGISSEMENT

DES

CHEMINS VICINAUX

PAR

E. HENRY

INGÉNIEUR EN CHEF DES PONTS ET CHAUSSÉES

AGENT VOYER EN CHEF DU DÉPARTEMENT DE LA MARNE

Extrait de la REVUE GÉNÉRALE D'ADMINISTRATION

PARIS

BERGER-LEVRAULT ET Cie, LIBRAIRES-ÉDITEURS

RUE DES BEAUX-ARTS, 5

MÊME MAISON A NANCY

1891

DE L'OCCUPATION

DES

TERRAINS BATIS

POUR

L'OUVERTURE, LE REDRESSEMENT OU L'ÉLARGISSEMENT

DES

CHEMINS VICINAUX

PAR

E. HENRY

INGÉNIEUR EN CHEF DES PONTS ET CHAUSSÉES

AGENT VOYER EN CHEF DU DÉPARTEMENT DE LA MARNE

Extrait de la REVUE GÉNÉRALE D'ADMINISTRATION

PARIS

BERGER-LEVRAULT ET Cie, LIBRAIRES-ÉDITEURS

RUE DES BEAUX-ARTS, 5

MÊME MAISON A NANCY

1891

DU MÊME AUTEUR

Code annoté du service vicinal. Berger-Levrault et Cie, 1889.

Les Formes des enquêtes administratives en matière de travaux d'intérêt public. Berger-Levrault et Cie, 1891.

Du Nombre de centimes additionnels perçus au profit de la vicinalité. (Berger-Levrault et Cie. *Revue générale d'administration,* décembre 1889.)

De la Répartition des prestations recouvrables en argent par suite de non-option. (Berger-Levrault et Cie. *Revue générale d'administration,* mai 1890. — Paul Dupont. *Annales des chemins vicinaux,* août 1891.)

Les Budgets communaux de la vicinalité. (Paul Dupont. *Annales des chemins vicinaux,* avril 1890.)

De la Variété des centimes perçus au profit de la vicinalité. (Berger-Levrault et Cie. *Revue générale d'administration,* août 1890.)

DE

L'OCCUPATION DES TERRAINS BATIS

POUR

L'OUVERTURE, LE REDRESSEMENT OU L'ÉLARGISSEMENT

DES CHEMINS VICINAUX

---

§ 1. — Explication de l'article 2 de la loi du 8 juin 1864.

La loi du 8 juin 1864 se compose de deux articles : le premier a trait au classement des rues dans le réseau vicinal, le second concerne les formalités à suivre quand les travaux des chemins vicinaux exigent l'occupation de terrains bâtis.

Ce second article, qui est le seul dont nous nous occuperons, manque absolument de clarté. Le voici :

« Art. 2. — Lorsque l'occupation de terrains bâtis est jugée nécessaire pour l'ouverture, le redressement ou l'élargissement immédiat d'une rue formant le prolongement d'un chemin vicinal, l'expropriation a lieu conformément aux dispositions de la loi du 3 mai 1841 combinées avec celles des cinq derniers paragraphes de l'article 16 de la loi du 21 mai 1836.

« Il est procédé de la même manière lorsque les terrains bâtis sont situés sur le parcours d'un chemin vicinal en dehors des agglomérations communales. »

Pour saisir le sens de ces dispositions, il faut se reporter d'abord à l'article 16 de la loi du 21 mai 1836.

Cet article renferme six paragraphes, dont le premier est ainsi conçu :

« Les travaux d'ouverture et de redressement des chemins vicinaux seront autorisés par arrêté du préfet. »

Les cinq autres paragraphes sont relatifs au fonctionnement du jury spécial à la vicinalité.

Du moment que la loi du 8 juin 1864 porte que l'expropriation des terrains bâtis a lieu conformément aux dispositions des cinq derniers paragraphes seulement de l'article 16, on doit en conclure que le premier paragraphe de cet article est inapplicable. Le législateur a donc voulu dire que les travaux d'ouverture et de redressement des chemins vicinaux cesseraient d'être autorisés, ou déclarés d'utilité publique, par un arrêté du préfet, quand ils comporteraient l'occupation de terrains bâtis.

De plus, le législateur a fait savoir que la loi du 3 mai 1841 régirait l'occupation dont il s'agit. Il n'a pu avoir en vue que le titre Ier, d'après lequel la déclaration d'utilité publique est prononcée par une loi ou par un décret. Et comme l'ouverture et le redressement des chemins vicinaux à travers des terrains bâtis ne peuvent rentrer que dans la catégorie des travaux susceptibles d'être autorisés par un décret, aux termes de l'article 3 du titre Ier, il s'ensuit que la loi du 8 juin 1864 a entendu réserver au chef de l'État le droit de déclarer l'utilité publique.

Voilà pour les travaux d'ouverture et de redressement. Quant aux travaux d'élargissement, aux dépens de terrains bâtis, ils cessent d'être soumis au régime de l'article 15 de la loi du 21 mai 1836, qui donnait au préfet le pouvoir d'opérer une véritable expropriation par la voie d'un simple arrêté et qui chargeait le juge de paix de régler les indemnités, sur le rapport d'experts. Les terrains bâtis à occuper pour l'élargissement des chemins doivent donner lieu à une expropriation suivant les mêmes formes que pour l'ouverture et le redressement.

En définitive, la loi du 8 juin 1864 a décidé que les travaux d'ouverture et de redressement des chemins à travers les terrains bâtis seraient, à l'avenir, déclarés d'utilité publique par un décret et que l'occupation des terrains bâtis pour l'élargissement immédiat des chemins serait soumise aux mêmes règles.

Nous ne nous expliquons pas pour quels motifs le législateur s'est abstenu de désigner nettement l'autorité qu'il voulait investir du droit de déclarer l'utilité publique. Les détours employés pour établir cette autorité rendent même extrêmement curieux l'article 2 de la loi du 8 juin 1864.

Nous nous hâtons de dire que personne ne s'y est trompé. L'exposé des motifs adopté par le Conseil d'État dans sa séance du 31 mars 1864 énonçait formellement que le but de la loi était de faire autoriser les travaux par décret. Il en était de même des rapports faits au nom des commissions du Corps législatif et du Sénat. Enfin, toutes les instructions ministérielles ont dissipé l'obscurité de l'article 2 de la loi, en indiquant expressément qu'il fallait recourir à un décret pour occuper les terrains bâtis.

§ 2. — De la double réforme apportée à la législation vicinale par l'article 2 de la loi du 8 juin 1864.

Aux termes de l'article 15 de la loi du 21 mai 1836, l'arrêté du préfet portant élargissement d'un chemin vicinal attribuait définitivement au chemin le sol compris dans les limites qu'il déterminait, et le droit des propriétaires riverains se résolvait en une indemnité qui, si elle n'était pas réglée à l'amiable, devait l'être par le juge de paix, sur le rapport d'experts.

Cet article ne faisait aucune distinction entre les terrains ainsi incorporés au chemin.

A l'égard des terrains non bâtis, pas de difficulté. Il était possible à l'administration de prendre possession de ces terrains, en ajournant à une époque ultérieure le règlement des indemnités. Il ne s'agissait, en effet, que de détacher des propriétés riveraines des bandes de terrain qui étaient faciles à estimer. Leur valeur était généralement le produit de leur surface par le prix du mètre carré, et ce dernier prix pouvait se déterminer à vue du surplus de la propriété. En cas de contestation, la tâche des experts pouvait aisément s'accomplir.

Mais il n'en était pas de même en ce qui concernait les terrains bâtis. Il est manifeste que l'administration ne pouvait procéder à leur égard comme elle le faisait envers les terrains nus, c'est-à-dire incorporer au chemin les parcelles couvertes de constructions préalablement au règlement des indemnités. Mais, même en laissant ces constructions debout, de manière à permettre l'évaluation des indemnités, il apparaissait que le mode de règlement par voie d'expertise était trop sommaire et n'assurait pas des garanties suffisantes aux intéressés.

L'article 2 de la loi du 8 juin 1864 a donc opéré une réforme qui était tout indiquée en imposant les formalités de la loi d'expropriation pour l'occupation des terrains bâtis nécessaires à l'élargissement des chemins.

C'est, par conséquent, avec raison que cet article a soustrait les parcelles bâties aux effets de l'article 15 de la loi du 21 mai 1836, et décidé que leur occupation devait être autorisée par un acte déclaratif d'utilité publique, au vu duquel l'expropriation pourrait être poursuivie suivant les règles propres aux travaux des chemins vicinaux.

On ne peut qu'applaudir à cette réforme qui devra prendre place dans la nouvelle loi organique de la vicinalité, quand on révisera celle du 21 mai 1836.

Mais l'article 2 de la loi de 1864 ne s'est pas borné à la réforme que nous venons d'indiquer. Il en a introduit une autre, qui a consisté à charger une autorité spéciale de la déclaration d'utilité publique des travaux, quand les terrains atteints sont bâtis, et il a étendu cette mesure aux travaux de toute nature, c'est-à-dire aussi bien aux travaux d'ouverture et de redressement qu'à ceux d'élargissement.

Le législateur ne s'est donc point contenté de remédier aux défectuosités de l'article 15 de la loi du 21 mai 1836 : il a, en outre, restreint l'application de l'article 16, en la limitant aux terrains non bâtis. Nous ignorons si des plaintes s'étaient élevées contre le pouvoir attribué au préfet par ce dernier article en matière d'autorisation des travaux d'ouverture ou de redressement à travers les terrains bâtis.

L'exposé des motifs adopté par le Conseil d'État dans sa séance du 31 mars 1864 ne contient que l'observation suivante, au sujet de la déclaration d'utilité publique de l'occupation des terrains bâtis :

« L'administration locale, si éclairée qu'elle soit, n'est peut-être pas toujours en mesure de comparer avec précision cette utilité et le sacrifice à imposer à la propriété. Il a paru qu'il y avait lieu de décider que, lorsque, pour l'élargissement immédiat, et, à plus forte raison, pour l'ouverture ou le redressement de rues formant le prolongement des chemins vicinaux, des constructions devraient disparaître, l'utilité publique de l'occupation des terrains bâtis serait constatée, non par le simple arrêté préfectoral, mais par un décret rendu dans les formes prescrites par la loi de 1841. »

Il en résulte que, lorsque les travaux des chemins vicinaux atteignent sur certains points des parcelles couvertes de constructions, deux autorités différentes interviennent pour en déclarer l'utilité publique : d'une part, le chef de l'État à l'égard des parcelles bâties, et, d'autre part, le conseil général ou la commission départementale, qui sont maintenant substitués au préfet, à l'égard des parcelles non bâties.

Ce dualisme nous paraît devoir être supprimé, lorsqu'on procédera à la révision de la loi vicinale.

Nous allons faire connaître les critiques auxquelles il donne lieu.

§ 3. — De l'intervention du chef de l'État en matière d'occupation de terrains bâtis.

Cette intervention constitue une anomalie dans la législation vicinale.

Pour la faire ressortir, nous rappellerons le principe qui a présidé à l'établissement des principaux monuments de cette législation.

Les travaux des chemins vicinaux pouvaient être soumis aux mêmes règles que les autres travaux publics, ou bien être régis par des règles spéciales. Cette dernière solution est celle qui a prévalu. On a jugé qu'eu égard à la multiplicité des travaux de la vicinalité et à leur caractère, il convenait d'adopter des formes plus simples et de recourir à des autorités plus rapprochées des lieux. C'est ainsi qu'en matière de déclaration d'utilité publique des travaux, là où un décret eût été nécessaire s'il s'était agi de suivre les règles des autres travaux publics, la loi du 21 mai 1836 a admis un simple arrêté préfectoral. Plus tard, quand on a cru devoir retirer au préfet le pouvoir qui lui avait été confié, la loi du 10 août 1871 l'a attribué soit au conseil général, soit à la commission départementale, qui sont encore des autorités locales, d'ordre inférieur à celle qui prononce par voie de décret.

Or, ce principe a été complètement méconnu quand on a chargé le chef de l'État d'autoriser l'occupation des terrains bâtis. On a même appliqué un principe inverse, par la raison que l'autorité, qui intervient en matière de chemins vicinaux, est supérieure à celle qui décide, lorsqu'il s'agit des autres travaux publics.

Pour établir ce point, il nous est nécessaire d'entrer dans quelques détails.

Lorsque l'on poursuit la construction d'une route nationale, d'un chemin de fer, d'un canal, on commence par provoquer la loi ou le décret qui déclare l'utilité publique des travaux. Cette loi ou ce décret sont rendus d'ordinaire au vu d'un plan d'ensemble sur lequel est figuré approximativement le tracé de la voie projetée. Le plan est à une échelle telle qu'il n'indique que la direction générale du tracé.

Quand la déclaration d'utilité publique est prononcée, les ingénieurs procèdent à l'étude du projet définitif, de manière à arrêter l'emplacement exact de la voie. Ce projet est présenté à l'approbation du ministre des travaux publics.

Le plan parcellaire est dressé après que cette approbation a été obtenue. C'est le résultat de l'application sur le terrain des dispositions du projet adopté.

Si l'enquête parcellaire ne donne lieu à aucune réclamation de nature à faire modifier les dispositions admises, le plan est suivi d'exécution : il n'a pas besoin d'être soumis à la sanction ministérielle, car il est virtuellement approuvé.

Dans le cas contraire, le ministre est saisi de l'affaire, pour autoriser, s'il y a lieu, les modifications du projet qui sont commandées par les modifications à apporter au plan parcellaire. Il revêt alors ce plan de son approbation.

Il résulte de cet exposé que les emprises à opérer dans les terrains bâtis ne sont pas prévues par l'acte qui déclare l'utilité publique des travaux. Elles sont déterminées après l'approbation du projet définitif et c'est, en définitive, le ministre des travaux publics qui les autorise.

Ainsi, en matière de travaux publics effectués par le service des ponts et chaussées, l'occupation des terrains bâtis est décidée par le ministre, tandis qu'en matière de chemins vicinaux, elle est prononcée par le chef de l'État. On a donc eu recours, pour ces derniers travaux, à une autorité d'ordre supérieur à celle qui a été jugée suffisante pour les grands travaux publics.

Cette mesure est en opposition avec l'esprit de la législation vicinale.

4. — Des inconvénients que présente l'intervention de deux autorités pour la déclaration d'utilité publique d'un même travail.

1° *Ouverture ou redressement.*

Lorsqu'il s'agit d'ouvrir ou de redresser un chemin vicinal, si le tracé atteint, en un point de son parcours, quelques terrains bâtis, la déclaration d'utilité publique est prononcée par un décret à l'égard de ces terrains et, en ce qui concerne le surplus de la voie projetée, par une décision du conseil général ou de la commission départementale, suivant que le chemin appartient au réseau de la grande ou de la moyenne vicinalité, ou bien à celui de la petite.

Il est manifeste qu'à moins de circonstances exceptionnelles, la portion à ouvrir à travers les terrains bâtis ne peut être isolée de la portion à ouvrir à travers les terrains nus. Ces deux portions forment un tout en quelque sorte indivisible.

Il en résulte que chacune des deux autorités auxquelles une décision est attribuée ne peut limiter son examen à la portion qui la concerne. Le conseil général ou la commission départementale ne se prononcent pas sur le tracé qui leur est soumis sans envisager les conséquences qu'il entraîne à l'égard des terrains bâtis. Inversement, le chef de l'État est amené à considérer le tracé dans son ensemble, notamment quand il apprécie la question de savoir s'il doit repousser l'ouverture du chemin telle qu'elle est proposée à travers les immeubles bâtis. En définitive, le projet de tracé se trouve être l'objet d'une double instruction dans son ensemble.

Quand deux autorités interviennent dans une même affaire, il y a toujours une difficulté à résoudre. Quelle est l'autorité qui statuera la première ?

Comme le chef de l'État tient dans ses mains le sort du projet, puisque le conseil général ou la commission départementale sont obligés de s'incliner devant sa décision, on pourrait être conduit à provoquer tout d'abord le décret d'utilité publique. Mais cette manière de procéder ne serait pas exempte d'inconvénients. Il pourrait arriver que lorsqu'ils seraient saisis de l'affaire, le conseil général ou la commission départementale jugeassent préférable de modifier les emprises dans les terrains bâtis ou même d'abandonner entièrement ces emprises. On s'exposerait ainsi à faire rendre inutilement un décret, et à mettre de nouveau en mouvement le chef de l'État.

Pareil fait doit être évité. On y arrive en faisant prononcer en premier lieu le conseil général ou la commission départementale. Mais il s'ensuit que, si le décret sollicité n'est pas obtenu, la décision de l'assemblée départementale ou de sa commission devient inexécutable. Elle doit être rapportée. Il y a là une atteinte aux droits qui ont été conférés au conseil général ou à la commission départementale. Il eût été plus correct de leur enlever franchement le pouvoir de déclarer l'utilité publique des travaux, quand le tracé atteint des terrains bâtis dans une partie de son parcours, et d'attribuer ce pouvoir au chef de l'État sur toute l'étendue du tracé.

Ces défectuosités ne sont pas les seules à signaler.

Il est d'usage, quand on provoque l'émission d'un décret pour occupation de terrains bâtis, de faire connaître l'étendue des emprises à effectuer sur ces terrains. Le conseil général ou la commission départementale, usant des pouvoirs qui leur sont conférés par la loi du 10 août 1871, sont appelés préalablement à fixer les limites de ces emprises. Le décret désigne alors expressément, en se référant au plan parcellaire, les terrains bâtis dont il autorise l'occupation.

Il résulte de ces errements que l'assemblée départementale ou sa commission arrêtent les limites du chemin, dans la partie couverte de constructions, avant que la déclaration d'utilité publique ait été prononcée. Ce mode de procéder est assurément étrange. Dans les travaux du service des ponts et chaussées, on commence tout naturellement par la déclaration d'utilité publique et l'on finit par la détermination des emprises. Agir en sens inverse, c'est — qu'on nous passe le mot — mettre la charrue avant les bœufs.

Mais les errements que nous critiquons donnent lieu à une observation plus importante.

D'après le dernier paragraphe de l'article 2 de la loi du 3 mai 1841, la désignation des parcelles à céder ne peut avoir lieu « qu'après que les parties intéressées ont été mises en état d'y fournir leurs contredits selon les règles exprimées au titre II ». Le plan parcellaire, sur lequel figurent les emprises projetées, doit donc avoir été préalablement soumis à l'enquête spéciale instituée par le titre II de la loi d'expropriation, et le conseil municipal doit avoir donné son avis à la suite de cette information.

Cette procédure n'a pas besoin d'être justifiée. Elle est suivie en matière de travaux exécutés par le service des ponts et chaussées. L'acte déclaratif d'utilité publique se bornant d'ordinaire à indiquer la direction générale du tracé, les emprises ne résultent que des dispositions du projet ultérieurement approuvé par le ministre et leurs limites ne sont définitivement adoptées qu'après l'accomplissement des formalités du titre II. On laisse donc se produire les observations des parties intéressées ainsi que l'avis du conseil municipal, avant de fixer l'étendue des parcelles à céder.

Dans le système que nous discutons, le décret d'utilité publique, en désignant les terrains à occuper préalablement à l'enquête parcellaire, semble méconnaître les prescriptions essentielles que nous venons de rappeler.

Il n'en est rien toutefois, d'après l'arrêt rendu le 11 juin 1880 par le Conseil d'État.

Les dames Hallot et Roger avaient attaqué un décret du 19 août 1878, qui avait déclaré d'utilité publique l'établissement d'un champ de foire à Rosnay, par le motif qu'en désignant leur propriété comme devant être cédée à la commune, ce décret avait violé l'article 2 et le titre II de la loi du 3 mai 1841. Elles arguaient de ce que cette désignation ne pouvait être faite que par un arrêté du préfet pris après une nouvelle enquête.

Le Conseil d'État rejeta leur requête en statuant ainsi qu'il suit:

« Considérant que, si le décret attaqué, après avoir déclaré d'utilité publique l'établissement d'un champ de foire dans la commune de Rosnay, a accordé à ladite commune l'autorisation d'acquérir les parcelles appartenant aux requérantes, cette disposition ne saurait avoir pour effet soit de dispenser l'administration de procéder à l'enquête qui doit précéder l'arrêté de cessibilité, soit de porter atteinte aux droits que les requérantes peuvent exercer, conformément aux articles 2 et 7 de la loi du 3 mai 1841, ou aux pouvoirs qui appartiennent au préfet, en vertu de l'article 11 de la même loi; qu'ainsi ladite disposition ne saurait faire grief aux requérantes. »

Le sommaire de l'arrêt, tel qu'il est rédigé au *Recueil des arrêts* du

Conseil d'État[1], s'exprime d'une manière plus explicite. Il ajoute que la désignation des parcelles n'est donnée au décret qu'à titre de simple renseignement, et que le préfet reste libre de la modifier.

Malgré ces explications, nous ne pouvons nous empêcher de trouver que les errements dont il s'agit laissent à désirer.

D'abord, nous pensons qu'il est peu satisfaisant de voir un décret indiquer formellement les parcelles à occuper, alors qu'il est sous-entendu que cette indication n'est pas destinée à être suivie exactement.

Ensuite, nous estimons que, malgré la réserve implicite sous laquelle le décret est rendu, cet acte est de nature à peser sur la décision à prendre ultérieurement, à l'issue de l'enquête parcellaire. Nous croyons que la question n'est pas aussi entière que si le chef de l'État n'avait pas désigné les parcelles à incorporer au chemin.

On peut, il est vrai, faire remarquer que l'enquête parcellaire ne paraît pas devoir amener une modification des emprises portées au décret, par la raison que les propriétaires intéressés ont déjà été appelés à fournir leurs observations, lors de l'enquête qui a précédé l'émission du décret. Mais cette enquête n'a pas eu lieu suivant les formes de celle du titre II de la loi du 3 mai 1841 : qu'elle ait été faite en vertu de l'ordonnance du 18 février 1834 ou en vertu de celle du 23 août 1835, elle diffère de l'enquête parcellaire, notamment au point de vue des procédés d'avertissement et des facilités accordées aux intéressés pour la production de leurs dépositions. Il peut se faire aussi que ces intéressés fassent valoir, à l'enquête parcellaire, de nouveaux arguments qui leur avaient échappé, lors de l'enquête d'utilité publique, et qui méritent d'être pris en considération. D'ailleurs, du moment qu'on juge nécessaire d'ouvrir cette enquête, il faut bien la considérer comme susceptible d'amener l'administration à rectifier, s'il y a lieu, les dispositions projetées. Autrement ce serait un leurre pour les propriétaires atteints par ces dispositions.

On peut encore objecter que les réclamations, s'il en surgit à l'enquête parcellaire, ne peuvent tendre qu'à la suppression ou à l'amoindrissement des emprises et que, dans le cas où une réduction serait admise, le décret n'en resterait pas moins valable. Cet acte serait encore suivi d'exécution en ce qui concerne une portion des parcelles désignées au plan qui l'accompagne.

1. Page 534.

Mais il pourrait arriver que les observations recueillies à l'enquête parcellaire déterminassent l'administration à modifier ses prévisions de manière à restreindre les emprises sur un point, sauf à les augmenter dans une autre partie des terrains bâtis. Dans ce cas, il faudrait provoquer un nouveau décret et ce résultat ne laisserait pas que d'être fâcheux.

Il nous reste à faire connaître un inconvénient d'un ordre tout spécial, dérivant de cette circonstance que la déclaration d'utilité publique doit être prononcée, en matière de terrains bâtis, par un décret.

Les travaux d'ouverture ou de redressement des chemins vicinaux ne donnent lieu qu'à de rares expropriations. Les propriétaires des terrains à occuper, auxquels ces travaux sont généralement avantageux, sont d'ordinaire disposés à traiter à l'amiable. En outre, les municipalités s'emploient souvent de leur mieux à obtenir de ces propriétaires des conditions aussi satisfaisantes que possible.

Il s'ensuit que l'occupation des terrains s'opère presque toujours par voie de cession amiable.

Quand il s'agit de terrains non bâtis, aucun inconvénient ne se produit, par la raison que la décision du conseil général ou de la commission départementale tient lieu de déclaration d'utilité publique et qu'elle assure, dès lors, le bénéfice des dispositions de la loi du 3 mai 1841, en ce qui concerne le timbre, l'enregistrement et la purge hypothécaire.

Mais il n'en est pas de même à l'égard des terrains bâtis. Du moment qu'un décret n'est pas intervenu pour déclarer l'utilité publique des travaux, la loi du 3 mai 1841 est inapplicable et les conséquences de cette situation, si elles n'ont rien de grave en ce qui a trait aux droits de timbre et d'enregistrement, revêtent une certaine importance en ce qui touche la purge des hypothèques. Les acquisitions sont, à ce dernier point de vue, soumises aux règles du droit commun : non seulement les formalités sont longues, ainsi qu'on peut en juger par l'énumération contenue à l'article 239 de l'instruction générale sur les chemins vicinaux [1], mais encore les frais à payer peuvent s'élever à une somme assez lourde pour certaines communes.

1. Article modifié par la circulaire ministérielle du 16 juin 1877. Voir les *Annales des chemins vicinaux* (année 1877, page 118), ou bien notre *Code annoté du service vicinal*, pages 551 et suivantes.

Aussi, nous avons eu l'occasion de voir une commune provoquer, après coup, l'émission d'un décret dans le seul but de s'épargner la dépense de purge hypothécaire pour un immeuble qu'elle avait acquis à l'amiable.

2° *Élargissement.*

Quand l'élargissement d'un chemin doit s'effectuer immédiatement aussi bien sur des terrains bâtis que sur des parcelles non bâties, les inconvénients de l'intervention du chef de l'État, pour l'occupation des immeubles bâtis, sont les mêmes qu'en matière d'ouverture ou de redressement.

Mais il en existe d'autres qui sont spéciaux aux travaux d'élargissement.

Lorsque le projet d'élargissement d'un chemin comporte, sur certains points, le rescindement de propriétés bâties et que l'administration ne juge pas nécessaire d'opérer immédiatement ce rescindement, on se borne à faire approuver les nouvelles limites du chemin par le conseil général ou la commission départementale, suivant qu'il s'agit d'un chemin de grande communication ou d'intérêt commun, ou bien d'un chemin vicinal ordinaire. C'est ce qui a lieu notamment pour les plans d'alignement de traverses.

Supposons que l'administration ait effectué l'élargissement approuvé sur les terrains non bâtis et qu'au bout d'un certain nombre d'années, elle reconnaisse la nécessité de procéder, par la voie de l'expropriation, au rescindement des parcelles couvertes de constructions. D'après l'article 2 de la loi du 8 juin 1864, l'administration est obligée d'obtenir un décret qui autorise l'occupation de ces parcelles.

Qu'arrivera-t-il si le chef de l'État refuse de rendre ce décret ?

Il faudra attendre, soit la démolition volontaire des immeubles, soit leur ruine, pour réaliser le projet d'élargissement tel qu'il a été adopté par le conseil général ou la commission départementale. Ce projet restera inachevé pendant un temps qui pourra être considérable.

Il y a là une situation toute particulière. Dans le cas d'ouverture ou de redressement d'un chemin, si les formalités d'autorisation s'accomplissent régulièrement, les travaux ne sont entrepris qu'autant que le décret, exigé pour les terrains bâtis, est intervenu. Et, si le décret sollicité n'a pas été obtenu, l'administration locale a la faculté d'abandonner le tracé projeté pour lui en substituer un autre.

Dans le cas d'élargissement d'un chemin, au contraire, les travaux sont effectués en partie, sans qu'on soit fixé sur l'accueil qui sera réservé ultérieurement à la demande d'occupation des terrains bâtis, et si cette demande est repoussée, le conseil général ou la commission départementale sont fondés à se plaindre. Ils peuvent faire remarquer que, s'ils avaient pu prévoir un échec, lorsqu'ils ont arrêté les limites du chemin, ils eussent pu peut-être modifier l'assiette de la voie, par exemple en faisant porter les emprises sur le côté opposé aux immeubles bâtis.

Nous estimons, d'ailleurs, à ce sujet, qu'un plan d'élargissement doit être susceptible d'être réalisé dans son intégralité, aussitôt que les circonstances l'exigent. Sans doute, lorsque le rescindement d'une construction n'a rien d'urgent, l'administration locale peut attendre sa mise à l'alignement, soit par démolition volontaire, soit par démolition pour cause de vétusté, mais il doit lui être loisible d'opérer ce rescindement, en ayant recours à l'expropriation, si les besoins de la circulation le commandent.

C'est ce qui a lieu en matière de plans d'alignement des routes nationales ou départementales. Ces plans sont approuvés, à l'égard des terrains bâtis ou non, par un décret qui non seulement frappe d'alignement les parcelles de nature quelconque, mais encore permet de les exproprier. Les plans ainsi homologués peuvent donc être réalisés dans toutes leurs parties dès que l'administration le juge nécessaire [1].

Les formalités d'approbation des plans d'élargissement ou d'alignement des chemins vicinaux devraient être déterminées de telle sorte que l'administration locale fût investie de la même faculté.

§ 5. — Des modifications à apporter à l'article 2 de la loi du 8 juin 1864.

Nous avons fait connaître notre sentiment sur la réforme introduite dans la législation vicinale par la loi du 8 juin 1864, en ce qui concerne le mode de règlement des indemnités dues pour l'occupation des

1. Aucoc, *Conférences sur le droit administratif* (tome III, page 94).

terrains bâtis nécessaires à l'élargissement des chemins vicinaux. Il convient assurément de soumettre la fixation de ces indemnités aux règles de l'expropriation.

Mais quelle doit être l'autorité chargée de prononcer la déclaration d'utilité publique, au vu de laquelle l'expropriation peut être poursuivie ?

Le législateur de 1864 a indiqué le chef de l'État. Ayant désigné cette autorité pour le cas de simple élargissement, il a été amené à en étendre l'intervention au cas de l'ouverture ou du redressement d'un chemin à travers les terrains bâtis.

C'est une seconde réforme qui ne nous paraît pas devoir être maintenue.

Nous avons fait ressortir tous les inconvénients qu'elle entraîne.

La révision de la législation, sur ce point, doit, à notre avis, être basée sur ce principe qu'il est indispensable de confier à la même autorité la déclaration d'utilité publique de l'ouverture, du redressement ou de l'élargissement d'un chemin, quelle que soit la nature des immeubles atteints.

L'application de ce principe pouvait soulever quelques hésitations avant la loi du 10 août 1871, c'est-à-dire alors que l'autorisation des travaux était prononcée par le préfet à l'égard des terrains nus.

Il n'en est plus de même aujourd'hui que ce pouvoir a été transféré au conseil général ou à la commission départementale.

L'assemblée départementale ou sa commission apparaissent maintenant comme l'autorité unique appelée à statuer dans tous les cas, aussi bien en matière de terrains bâtis qu'en matière de parcelles non couvertes de constructions.

On ne saurait, en effet, reprocher au conseil général ou à la commission départementale d'occuper un rang insuffisant dans l'échelle des autorités administratives.

Nous avons fait remarquer que, dans les travaux du service des ponts et chaussées, la désignation des immeubles bâtis à occuper est, d'ordinaire, faite, en réalité, par le ministre des travaux publics. Or, on peut tenir l'assemblée départementale ou sa commission comme assurant des garanties au moins comparables à celles que comporte l'intervention du ministre, au point de vue des sacrifices à imposer aux propriétés particulières.

Nous ferons remarquer d'ailleurs que les conditions dans lesquelles s'effectuent les chemins vicinaux diffèrent profondément de celles qui président à l'exécution des grands travaux publics. La question d'argent n'y joue pas le même rôle. En matière de vicinalité, l'exiguïté relative des ressources constitue un frein de nature à enrayer le zèle des administrations locales. La situation est tout autre en ce qui concerne les travaux du service des ponts et chaussées, dont la dotation n'est pas maintenue dans d'aussi étroites limites. Il en résulte que le ministre des travaux publics a plus de latitude pour réaliser les dispositions qu'il juge préférables et que, dès lors, il lui est plus facilement loisible de recourir à l'expropriation, si le besoin s'en fait sentir.

Aussi estimons-nous qu'en attribuant au conseil général ou à la commission départementale le droit de désigner les terrains bâtis à occuper, pour les chemins vicinaux, on entourera la propriété privée de garanties au moins égales à celles que lui procure la législation relative à l'exécution des grands travaux publics.

Nous sommes d'avis, en conséquence, que les dispositions de l'article 2 de la loi du 8 juin 1864 ne devront pas être reproduites dans la loi organique qui remplacera un jour celle du 21 mai 1836.

Le conseil général ou la commission départementale, suivant qu'il s'agit des chemins de grande communication et d'intérêt commun ou de chemins vicinaux ordinaires, devront être compétents pour déclarer l'utilité publique des travaux d'ouverture ou de redressement des chemins, quelle que soit la nature des parcelles atteintes par le tracé.

En ce qui concerne l'élargissement des chemins, l'effet de leurs décisions, tel qu'il est décrit à l'article 15 de la loi du 21 mai 1836, serait limité aux terrains nus. A l'égard des terrains bâtis, ces décisions équivaudraient à une déclaration d'utilité publique, qui permettrait de procéder à l'expropriation des immeubles, suivant les règles propres à la vicinalité, comme dans le cas d'ouverture ou de redressement des chemins.

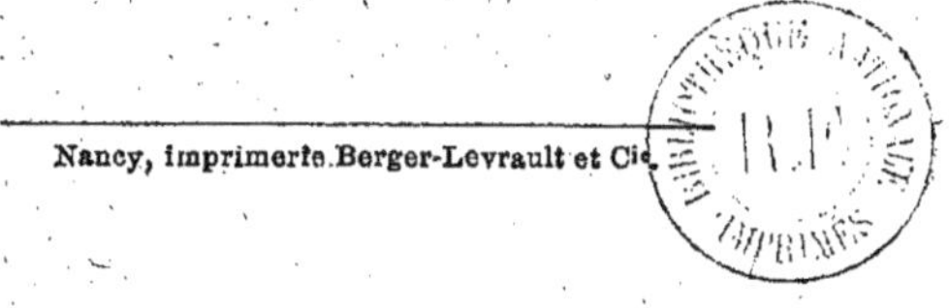
Nancy, imprimerie Berger-Levrault et Cie.

Nancy, imprimerie Berger-Levrault et Cie.

www.ingramcontent.com/pod-product-compliance
Lightning Source LLC
LaVergne TN
LVHW020452230826
846091LV00008BA/3163